Ferdinand Freiligrath

Nachgelassenes Mezeppa, nach Lord Byron

Der Eggesterstein - Erzählung

Ferdinand Freiligrath

Nachgelassenes Mezeppa, nach Lord Byron
Der Eggesterstein - Erzählung

ISBN/EAN: 9783743628410

Hergestellt in Europa, USA, Kanada, Australien, Japan

Cover: Foto ©ninafisch / pixelio.de

Weitere Bücher finden Sie auf **www.hansebooks.com**

Nachgelassenes

von

Ferdinand Freiligrath.

Mazeppa,
nach Lord Byron.

Der Eggesterstein,
Erzählung.

Stuttgart.
G. J. Göschen'sche Verlagshandlung.
1883.

Vorwort.

Es werden den Freunden Freiligrath's hier zwei Jugendarbeiten des Dichters dargeboten: eine metrische Übersetzung von Byrons Mazeppa, und eine novellistische Bearbeitung der Sage vom Eggesterstein. Beide stammen aus des Dichters frühester Schaffenszeit. Freiligrath selbst erzählt uns in dem köstlichen Stückchen Selbstbiographie „Am Birkenbaum (1829)", wie er auf der Fuchsjagd sich am Wachholderstrauch auf den grauen moosigen Stein gestreckt, und aus dem Dichterwinkel der Holster, seinen Jagdgenossen, seinen Byron, hervorgeholt habe. Ja, wir erfahren auch, daß es die Zwickauer Edition, die höchst unwürdige auf Löschpapier war, die ihn schon öfters begleitet hat. Der Mazeppa wird aufgeschlagen. Am Waldrand auf der Haar, angesichts der Ebene

IV

des Hellwegs, die durchblitzt von der Lippe, und umgrenzt vom dämmerigen Blau der Osninghügel= kette, sich endlos meilenweit vor ihm ausdehnt, übersetzt sich der Mazeppa gut. Bald steht mit Bleistift flott geschrieben ein saubrer Anfang im Taschenbuch. Die Stunden fliegen dem lateinischen Jägersmann bei der Arbeit, die Sonne sinkt. Der Zwickauer Byron muß wieder zurück in den Waidsack und der 19jährige Dichter zurück in die graue Stadt, die ihn lehren soll den Erwerb; aber nicht, ehe er mit dem Doppelgewehr einen Freuden= schuß gethan, weil er den Fuchs Mazeppa so glück= lich getroffen. Der Jüngling, der mit solcher Lust auf der sonnigen Heide seiner Heimat den eng= lischen Dichter übersetzte, wurde selbst ein berühmter Dichter und übertrug noch vieles Schöne aus frem= den Idiomen. Aber die Übersetzung von Mazeppa blieb ungedruckt im Pulte liegen, oder sah das Licht der Welt nur von einem versteckten Winkel eines Hammer Lokalblättchens aus. Der Zufall treibt da manchmal sein Spiel. Der alte Matrose von Coleridge ist um dieselbe Zeit entstanden, aber ihn, wie so manche andere gleichzeitige Übertra= gung, würdigte Freiligrath der Aufnahme in seine

Gedichte. Späterhin nahm es der Dichter immer strenger und ernster mit seiner Kunst; er steigerte die Anforderungen an sich bis ins Unglaubliche. Keine Schwierigkeit schreckte ihn; stieß er auf eine widerspenstige Stelle, so konnte er sie Tage, Wochen, ja Monate mit sich herum tragen, bis er sie in die Form gekleidet hatte, die ihm genügte. Bei aller Meisterschaft, die er auf diese Art errang und bei aller Strenge in der Beurteilung seiner eignen Produktion, mußte er doch manchmal selbst bekennen, daß er auch in früher Jugend, halb unbewußt, manches Vollendete in der Übersetzungskunst geleistet habe. So hatte er auch noch im späten Alter Freude an seinem Mazeppa, nur tadelte er manche zu große Freiheiten, die er sich erlaubt, und nahm sich vor eine letzte Feile daran zu legen und sie dann der Öffentlichkeit zu übergeben. Der Anfang dazu wurde auch gemacht, aber leider auch nur der Anfang. Um die Einheit im Ton nicht zu stören erscheint das ganze Gedicht in seiner ursprünglichen Form. Trotz mancher vom Verfasser selbst erkannten und gerügten kleinen Mängel enthält es der Schönheiten genug, um die posthume Veröffentlichung zu rechtfertigen.

Anders verhält es sich mit der Erzählung. Dieser hat Freiligrath nie Erwähnung gethan, auch nie einen zweiten novellistischen Versuch gemacht. Dem Direktor Wilhelm Buchner, Verfasser des eben erschienenen: „Ein Dichterleben in Briefen" gebührt das Verdienst sie entdeckt zu haben. Ihre Entstehung verdankt sie einer Preisausschreibung des Mindner Sonntagsblattes vom 6. März 1831. Am 13. November desselben Jahres gelangt sie daselbst zum Abdruck unter dem Titel: „Der Eggesterstein, Erzählung von Ferdinand F." (Zur Preisbewerbung eingesandt.) Sie wird auch mit dem ersten Preis gekrönt, wie wir aus dem folgenden Jahrgange ersehen, in dem es wörtlich heißt:

„Für die Erzählung: „Der Eggesterstein" (im 46ten Stück u. folgenden des Sonntagsblatts) der erste Preis (bestehend in einer goldenen Brustnadel von getriebener Arbeit des Goldarbeiters Herrn Jüngling in Minden, mit dem Kopfe Aristipp's, des Stifters der cyrenëischen Schule, nach einer Antike von dem akademischen Künstler Herrn Reinhard zu Berlin gefertigt) dem Verfasser Herrn Ferdinand Freiligrath zu Soest."

VII

Trotz dieses Erfolgs, der bei einem ersten Versuche doch nicht so gering anzuschlagen ist, und trotz der dringenden Aufforderung der Frau Elise von Hohenhausen und ihres Gatten, die in einem Briefe vom 19. Juli 1832 den jungen Dichter bestürmen, ihnen baldigst eine zweite Novelle für das Sonntagsblatt zu senden, in welcher er sich mehr der Wirklichkeit zuwenden und das großartige Leben und Treiben Amsterdams zur Staffage wählen möge, hat Freiligrath keine zweite Erzählung geschrieben. Es ist diese also unter seinen Werken ein Unikum geblieben und beansprucht schon deshalb ein Interesse, welches den Wiederabdruck derselben entschuldigen wird, wenn dieser überhaupt einer Entschuldigung bedarf. Denn wer läse nicht mit Vergnügen diese Erzählung, die von einem kindlich=frommen poetischen Geiste durchweht, mit Humor gewürzt ist und noch obendrein das Verdienst beanspruchen darf, die erste novellistische Behandlung der Sage zu sein, wie aus dem Gespräch zwischen Alfred und Ludwig Seite 56 hervorgeht. Seitdem ist die Sage, die sich an die wunderbaren Felsgebilde der Eggestersteine knüpft, mehrfach bearbeitet worden, wie z. B. von G. v. Vinke, auch einem Sohn der roten

Erde. Daß Freiligrath sich den vaterländischen Stoff zu seiner Erstlingsarbeit in Prosa ausersah, ist ganz charakteristisch für ihn. Möge sich nun jeder selbst darüber ein Urteil bilden, aber die Mahnung der muntern Pauline, am Schluß der Erzählung, beherzigen: „Wer wollte jetzt wohl kunstrichtern? Theodors Märchen hat uns einige Augenblicke gar nicht übel unterhalten, und wir sind ihm für die Mitteilung Dank schuldig."

Düsseldorf.

J. F.

Mazeppa.
Nach Lord Byron.

I.

'S war nach Pultawa's grausem Tag,
Als falsch das Glück den Schweden mied,
Als rings sein Heer erschlagen lag,
Das heut zuletzt für ihn geglüht.
Sein Kriegesruhm, und seine Macht
Wie, Menschen treulos, stürzten nieder;
Der große Czar gewann die Schlacht,
Und Moskau's Wall war sicher wieder;
War's bis ein denkenswerther Jahr
Den unheilschwangern Tag gebar,
Der eines stolzern Herrschers Lande
Mit Schmach bedeckt, mit ew'ger Schande,
Und hingestreckt mit tieferm Falle;
Sturz Einem — Donnerkeil für Alle.

II.

Das Schicksal warf die Würfel hin;
Verwundet mußte Karl entfliehn
Bei Tag und Nacht durch Feld und Fluth;
Mit seinem und der Seinen Blut
Bespritzt; es fallen tausend Krieger,
Daß er allein entflieht dem Sieger;
Doch Keiner murrt, und Keiner klagt
Ihn an, der allzu kühn gewagt;
Kein Vorwurfswort aus keinem Munde,
Wär's auch erlaubt zu solcher Stunde.
Sein Kampfroß stürzte im Gefecht;
Sein's gab, und starb als Russenknecht
Gieta. Dieses trug in Eile
Den flücht'gen König manche Meile
Dann fiel's. Tief in der Forste Dunkel
Sah man das flimmernde Gefunkel
Der Wachefeuer; überall
Nur Feindesruf und Waffenhall!
Und doch muß er zur Erde nieder
Sich legen — matt sind seine Glieder!

Ha! das die Ruh', die Lorbeern das,
Um welche Völker kämpfend ringen,
Um welche sie, von wildem Haß
Verzehrt, des Schwertes Schärfe schwingen? —
In eines wilden Baumes Schatten
Trägt man den Todeswunden, Matten;
Die Glieder steif — starr jede Wunde —
Und trüb' und schaurig ist die Stunde;
Die Pulse schlagen fieberhaft,
Kein kurzer Schlummer gibt ihm Kraft:
So liegt der König; doch als Held
Erträgt er das, was ihn befällt;
Und alle Schmerzen, die ihn trafen,
Macht er zu seines Willens Sclaven;
Und still und unterwürfig waren
Sie, wie vordem bezwungne Schaaren.

III.

Die Führer — ach! wie wen'ge mieden
Des finstern Tages Todesloos!
War ihnen auch ein Fall beschieden,
Wie selten, ritterlich und groß! —

Sie alle setzen trüb' und stumm
Um den Monarchen sich herum,
Bei ihren Rossen in's Gesträuch,
Gefahr macht Thier und Menschen gleich!
Mazeppa, von den Kühnen Einer,
Der tapfre Hetman der Ukrainer,
Macht unter einer Eiche Halt,
Und macht ein Lager sich alsbald.
Rauh, wie der alten Eiche Baum,
War er, und auch wohl jünger kaum.
Doch putzt der alte Kriegsgenoß
Zuerst sein müdes, treues Roß;
Er reinigt Hufhaar, Mähn' und Bügel,
Er löst den Gurt, er löst den Zügel,
Und schüttet Laub zur Streue hin,
Und freut sich, wie mit munterm Sinn
Der Renner frißt; denn wohl mit Bangen
Dacht' er, dem Rosse wär' vergangen
Die Lust, bei Nacht auf grüner Heiden,
Im kalten, feuchten Thau zu weiden.
Doch stark, wie sein Gebieter, ist
Das Roß; sorgt wenig, was es frißt,

Und wo es ruht; ist klug und dreist,
Und thut, was man es immer heißt;
Ein starker Tartarschecke; gern
Trägt's schnellen Laufes seinen Herrn.
Folgt seinem Ruf und seinem Schritte,
Und kennt ihn in des Heeres Mitte;
Und wären tausend Feinde wach,
Und setzten ihm im Dunkeln nach,
Doch bliebe stets, gleich wie ein Reh,
Das Roß in des Gebieters Näh'.

IV.

Jetzt macht den Mantel er zum Sitze,
Steckt in den Grund der Lanze Spitze,
Und sieht nach seiner Waffen Wucht,
Ob sie gelitten auf der Flucht;
Ob Pulver noch die Pfanne füllt,
Ob noch das Schloß den Stein umhüllt;
Er schaut nach Säbels Heft und Scheide,
Und ob der Gurt an Reibung leide.
Den Vorrath, drauf, den, ach! nur karg
Ihm Mantelsack und Kanne barg.

Langt er hervor, der würd'ge Mann
Und bietet jedem davon an,
Dem Fürsten, Allen weit und breit
Und freut sich, thun sie ihm Bescheid;
Und thut es willig, thut es gern,
Wie beim Banket nicht große Herrn.
Der König weist ihn nicht zurück,
Nimmt lächelnd einen Augenblick
Theil an des alten Kriegers Gaben,
Ist über Qual und Schmerz erhaben.
Dann spricht er: „Keiner rings im Heere,
Wie kühn und standhaft er auch wäre,
Beim Marsch, beim Plündern, in der Schlacht,
Sprach wen'ger, und hat mehr vollbracht,
Als du, Mazeppa! nimmer war
Auf Erden ein vollkomm'ner Paar,
Seit Philipp's Sohn, bis jetzt hinzu,
Als dein Bucephalus und du!
Dir müssen alle Scythen weichen,
Gilt's Strom und Fluren zu durchstreichen."
Er drauf: „Verdammt sei, mit Vergunst!
Die Schul', wo ich des Reitens Kunst

Erlernt!" Sprach Karl: „Warum denn das?
Du reitest doch wahrhaftig baß!"
Mazeppa drauf: „Zu lang wird's währen,
Herr, wollt ihr die Geschichte hören!
Denn Meilen müssen wir noch reiten —
Die Feinde rings auf allen Seiten,
Zehn gegen einen — eh' die Pfade
An des Borysthenes Gestade
Wir grüßen; eh' auf grünen Rasen
Dort unf're Rosse sicher grasen.
Auch, Sire! thut euch die Ruhe Noth!
Daß euch und uns kein Unfall droht,
Wach' ich indeß!" — Der König spricht:
„Ich bitte dich um den Bericht!
Vielleicht entschlaf' ich unterdessen!
Denn seit ich hier nun schon gesessen,
Kam noch kein Schlaf auf mich hernieder,
Und flieht auch noch die Augenlider!"
„Wohlan! so denk im Augenblick
Ich siebenzig Jahre mich zurück.
Ich zählte zwanzig Sommer schon —
'S war — Casimir saß auf dem Thron! —

Ja, Johann Casimir! — ich war
Sein Page dazumal sechs Jahr;
Der war gelehrt zu seiner Zeit;
War nicht, wie ihr, Herr König! seid.
Er mochte nimmer Kriege führen,
Gewann nicht Land, um's zu verlieren,
Und, außer Warschau's Landtagszwiste,
Lebt' er in Ruh', so viel ich wüßte;
Nicht, daß ihm Nichts bewegt den Busen:
Die Mädchen liebt' er, wie die Musen,
Die ihm den Kopf so warm oft machten,
Daß lieber wohl ihm Krieg und Schlachten;
Doch, war sein Zorn vorbei, dann sicher
Nahm er auch wieder andre Bücher,
Und andre Mädchen stracks; gab Feste;
Ganz Warschau füllte die Palläste,
Des Hofes Glanz, die Herrn, die Damen
Zu schaun, die zum Gelage kamen.
Er war der Salomo der Polen;
Die Dichter sangen's unverholen;
Nur Einer, ohne Gnadenlohn,
Sprach kühn ihm in Satyren Hohn,

Und rühmte sich mit keckem Muth,
Zu schmeicheln hielt er sich zu gut.
Am Hofe war Turnier und Ball;
Es dichteten die Höfler all';
Auch ich ein einzig Mal, weil's Mode,
Und unterschrieb am Schluß der Ode —
Wohl dacht' ich an ein schönes Kind! —
Mich mit: der klagende Amynt.
Derzeit war's, als von edlem Stamm
Nach Warschau ein Woiwode kam,
Wie Salz= und Silberminen reich,
Und stolz, Herr König! sag' ich euch,
Als wär' er in der Polen Land
Vom Himmel gar herabgesandt.
An Ahnen war er reich und Gold,
Wie Keinem war das Glück ihm hold;
Allein so lang' in seine Beutel
Sah er, war auf sein Haus so eitel,
Daß er zuletzt den Fehler machte,
Und ihr Verdienst das seine dachte.
Sein Weib war seiner Meinung nicht —
Er war wohl dreißig Jahre älter,

Denn sie — und ward für ihre Pflicht,
Für ihren Gatten täglich kälter.
Nach Furcht und Hoffen, Wünschen, Sehnen,
Nach ein'gen leicht vergoß'nen Thränen,
Geweint beim Abschied von der Tugend;
Nach Blicken auf die Männerjugend
Von Warschau, und nach einer Nacht,
In wilden Träumen zugebracht,
Erwartet sie des Zufalls Glück,
Den günst'gen, stillen Augenblick,
Der schnell gleich wie durch Zauberbann,
Die Härteste erweichen kann;
Mit Titeln den Gemahl zu zieren,
Die, wie man sagt, zum Himmel führen,
Doch deren der sich, wie es heißt,
Nicht rühmt, der sie verdient zumeist."

V.

„Ich war ein hübscher Bursch' — manch' Jahr
Ist nun seit jener Zeit verflossen!
Drum kann ich's sagen! — Keiner war,
Wie ich, so wild von den Genossen,

So aufgelegt zu tollen Streichen,
Mir mußte Knecht und Ritter weichen.
Denn ich war jung, voll Fröhlichkeit,
Und stark; mein Antlitz nicht, wie heut',
Nein glatt, das nun voll Runzeln ist.
Denn Krieg, und Zeit, und Sorge, wißt!
Sie haben meinen Leib besiegt,
Und Stirn und Wange tief durchpflügt.
Ich glaube gar, daß Brüder, Schwestern,
Wenn sie mein Heute und mein Gestern,
Mein Jetzt und Einst vergleichen könnten,
Mich alten Knaben nimmer kännten.
Zwar war die Wandlung schon vollführt,
Eh' mich des Alters Hand berührt;
Denn, sind die Jahre auch gekommen,
Hat doch mein Muth nicht abgenommen,
Auch nicht mein Geist und meine Kraft,
Sonst könnt' ich, auf der Lanze Schaft
Gestützt, zur mitternächt'gen Stunde,
Kein Sternchen an des Himmels Runde,
Auf hartem Boden hier, Geschichten
Aus vor'gen Tagen nicht berichten!

Doch weiter jetzt! — noch zaubert mild
Mir die Erinnerung das Bild
Theresens vor! mir ist's, als sähe
Ich sie in jenes Baumes Nähe!
Und doch kann ich mit Worten nimmer
Beschreiben ihrer Schönheit Schimmer;
Ihr Aug', voll Asiat'scher Gluth,
Wie's Nachbar Türk', mit Polenblut
Vereinigt, wohl hervorgebracht,
War schwarz, wie um uns her die Nacht;
Und doch durchbrach's ein sanftes Licht,
Wie wenn der Mond durch Wolken bricht,
Und groß und trüb' im Strome schwimmt,
Und wie am eig'nen Strahl verglimmt;
Ganz Lieb', halb Gluth, halb sehnend Schmachten,
Wie Heil'ge, die den Tod verachten,
Schon an dem Marterpfahle stehn,
Entzückten Blicks gen Himmel sehn,
Es hebt sich wonnig ihre Brust,
Als wäre Sterben eine Lust.
Und ihre Stirn, gleichwie ein See
Im Sommer, den aus blauer Höh'

Die Sonn' bestrahlt; es schweigt die Welle,
Und drinnen strahlt des Himmels Helle!
Ihr Mund und ihre Wange — doch
Wozu das? — lieb' ich sie ja noch,
Und liebte damals sie! ich bin
Nun einmal so! mit treuem Sinn,
Lieb' ich im Unglück, wie im Glück!
Wir lieben ja im Augenblick
Des Zorns! und wenn das Alter naht,
Dann tritt wohl oft an unsern Pfad
Die alte Zeit als Luftbild hin,
Wie ich der alten Zeit eins bin!"

VI.

"Wir trafen uns! ich seufzt', ich sah;
Sie sprach nicht, doch war Antwort da!
Wohl tausend Zeichen, Töne kennt
Die Liebe, die uns Niemand nennt,
Um die nur stets die Lieb' gewußt;
Gedankenblitze, die der Brust,
Der vollen, zuckend oft entgleiten —
Ein Dritter kann sie nimmer deuten! —

Die leicht den Weg zum Herzen finden,
Die schnell die Gluthenkette binden,
Die Herzen, Geister fest umschlingt,
Die Flamme leitend weiter bringt,
Gleichwie ein Drath, an dem der Blitz
Herabfährt aus der Wolke Sitz.
Ich sah, ich seufzte, weinte gern,
Blieb ihr mit innerm Kampfe fern.
Wir kamen endlich uns entgegen,
Und ohne Argwohn zu erregen,
Sahn wir uns oft. Da wollt' ich schon
Ihr sagen, was sich in mir regte;
Doch auf der Lippe starb der Ton,
Die bebend, stammelnd sich bewegte;
Bis einst. — Ein unbedeutend Spiel,
Es heißt — ach! wie schon längst entfiel
Sein Name mir! der Zufall wollte,
Daß ich's mit ihr einst spielen sollte;
Gleichviel war mir Verlust, Gewinn!
Genug, daß ich ihr nahe bin!
Daß ihre Stimme mich entzückt,
Daß ihren Reiz mein Aug' erblickt!

17

Ich hütete, wie eine Wacht,
Die Holde (wachten diese Nacht
Nur unsre so!); auf einmal ha!
Seh' ich, wie sie voll Tiefsinns da
Beim Spiele sitzt, nicht merkt auf's Spiel
Wie ihr Verlust, Gewinn gleichviel;
Und doch spielt sie noch Stunden lang,
Als triebe sie des Herzens Drang
Sich nicht vom Platze zu bewegen,
Obgleich nicht des Gewinnes wegen.
Da, gleich dem Blitze, der dort glüht,
Urplötzlich fuhr's durch mein Gemüth,
Als läge was in ihrer Miene,
Was Hoffnung mir zu geben schiene;
Und wie ich's denke, muß ich's sprechen,
Und stammelnd, ohne Ordnung, brechen
Die Worte unberedt hervor;
Sie horcht, sie lauscht mit güt'gem Ohr —
Wer ein Mal gern Gehör mir gab,
Gibt's mehr wohl, wird von Eis nicht sein,
Und wies sie mich auch ein Mal ab,
So sagt sie doch nicht immer Nein."

VII.

„O, lieben und geliebt zu werden,
Es ist die größte Lust auf Erden!
Ich Glücklicher! mir wurde sie!
Man sagt wohl, Herr! ihr hättet nie
Von Liebe euch beherrschen lassen;
Ist's wahr, so will ich kurz mich fassen,
Meld' ich ihr Glück und ihre Pein;
Ihr lächelt doch nur drob; allein,
Nicht Jedem war die innre Kraft,
Des eignen Busens Leidenschaft
Zu zügeln; nicht in Jedem wohnen
Die Kräfte, sich und Nationen
Zu leiten, wie in euch! Ich bin —
Ich w a r ein Fürst; zum Tode hin
Konnt' Tausende mein Wille führen,
Allein mich selbst, mein Herz regieren,
Das kann ich nicht! — Genug, ich liebte!
O, lieben und geliebt zu werden,
Es ist das schönste Loos auf Erden,
Wenn nur nicht Schmerz die Wonne trübte.

Wir sahn uns heimlich; günstig lachte
Das Glück dem jungen Liebesbunde,
Und, o! wie harrt' ich auf die Stunde,
Die mich zu meiner Herrin brachte.
Leer war der Tag, die Nacht mir leer
Bis auf d i e Stunde; nimmermehr,
Wie manches Jahr mir auch verflossen,
Hab' schön're Stunden ich genossen.
Mein Fürstenthum wollt' ich drum geben,
Traun! könnt' ich sie noch einmal leben,
Könnt' ich zum Pagen wieder werden,
Der Nichts, ach, Nichts besaß auf Erden,
Als nur ein Herz, das heiß entgegen
Ihm schlug, als seinen treuen Degen,
Der Reichthum nicht und Edelstein,
Doch Kraft und Jugend nannte sein.
Wir sahn uns heimlich — doppelt schön
Ist's, sagt man, heimlich sich zu sehn!
Das wüßt' ich wahrlich nicht! Mein Leben,
Herr König! hätt' ich drum gegeben,
Denn ich, mit schnellern Herzensschlägen,
Es Jedem hätte sagen mögen:

Ha! sie ist mein! — ach! nur verstohlen
War ich der Glücklichste der Polen!"

VIII.

„Nach Liebenden blickt manches Aug';
Fürwahr, der Teufel sollte auch
In solchen Fällen höflich sein! —
Der Teufel, sag' ich? — Nein, ach nein!
Ein Heil'ger war's in jedem Falle,
Der mürrisch seiner frommen Galle
Aus Langerweile Luft gemacht! —
Denn einst, in einer schönen Nacht,
Ergriffen uns des Grafen Leute.
Wir wurden beid' der Häscher Beute!
Wild tobend zürnte der Gemahl,
Ich war allein und ohne Waffen;
Doch, hätte mich auch blanker Stahl
Umhüllt, was wollt' ich Einz'ger schaffen?
Und ohne Kampf und Widerstreben
Mußt' ich der Obmacht mich ergeben!
'S war dicht bei seines Schlosses Thoren,
Die Stadt war fern, ich schien verloren;

Rings Hülfe, Rettung nicht zu schaun,
Der Tag fing grade an zu graun.
Da dacht' ich schon, zum letzten Mal
Säh' ich der Morgendämm'rung Strahl!
Die heil'ge Jungfrau rief ich an,
Und ließ, gefaßt, als wie ein Mann,
Auf Alles, was da kommen möchte,
Vor's Schloß mich leiten durch die Knechte.
Theresens Loos blieb mir verborgen;
Nie sah ich sie seit jenem Morgen.
Wohl ist es euch, Herr König! klar,
Daß zornig der Woiwode war;
Er war's mit Recht! jedoch am meisten
Zürnt' er, daß ich mich frech erdreisten
Gekonnt, ihm Schande zu bereiten;
Sein Stammbaum — ha! — noch künft'gen Zeiten
Sagt er's vielleicht! Und seinem Wappen,
Die Schmach von einem frechen Knappen!
Ihm, der des Stammes Erster war,
Der für der Menschen Höchsten gar
Sich hielt, es Andern scheinen wollte.
Und mir zumeist — ihm, sag' ich, sollte

Ein Page — schrecklich! Höll' und Teufel!
Wär's noch ein König! — ohne Zweifel
Hätt' ihn der Umstand ausgesöhnt,
Daß ein Gekrönter ihn gekrönt;
Doch so ein Bursch — ich fühlte gut,
Doch kann nicht schildern seine Wuth."

IX.

„Schnell bringt das Roß!" — man führt es vor;
Schlank steht's da mit gespitztem Ohr,
Ein Tartar von Ukrainer Zucht,
Sein Blick verräth der Schenkel Flucht;
Doch Wildheit auch glüht in den Blicken,
Noch keinen Reiter trug sein Rücken,
Kein Zaum war ihm durch's Maul gegangen,
Erst gestern war es eingefangen.
Vor Zorn und Furcht und Wildheit schäumend,
Und hoch, obgleich umsonst, sich bäumend —
Die Mähne wallt gesträubt empor —
Führt man den Wüstensohn mir vor.
Die Knechte binden mich mit Stricken
Auf den noch nie bestiegnen Rücken;

Ein Peitschenhieb! — frei ist das Thier! —
Fort! — fort! — und vorwärts fliegen wir!
So wild, so reißend, und so jach
Stürzt vom Gebirg kein Felsenbach!

X.

Fort! — fort! — kein Athem in der Brust!
Wohin? — ich war's mir nicht bewußt.
Kaum tagt's an Horizontes Bord,
Und brausend, schäumend sprengt es fort!
Der letzte Schall von Menschenmund,
Als ich aus meiner Feinde Rund,
Ein Pfeil, dahinflog, war der Ton
Des wilden Lachens, das ihr Hohn
Mir nachbrüllt, das der Wind mir bringt,
Das laut und gellend mich umklingt.
Da wend' ich halb das Haupt zurück,
Und schnappe knirschend nach dem Strick,
Der, wie ein Zügel, meinen Nacken
Fest an die Mähne des Polacken
Gefesselt, stemm' mich an den Bug,
Und schau' zurück, und heule Fluch.

Allein im Donnerschlag des Hufs
Verhallt der Schall des wilden Rufs;
Ha! — gern hätt' ich noch diesen Tag
Zurückgezahlt die tiefe Schmach!
Doch später zahlt' ich sie zurücke:
Von jenes Schlosses mächt'ger Brücke,
Von Mauern, Thürmen, von der Pforte
Blieb auch kein Stein am alten Orte!
Rings auf des Schlosses weiter Flur
Blieb nicht ein Halm! es säuselt nur
Noch Gras auf dem zerstörten Walle,
Wo einst der Herd der stolzen Halle
Gestanden — seht ihr auch den Ort,
Nicht denkt ihr, eine Burg stand dort!
Ich sah die Thürme rings in Flammen,
Die Zinnen stürzten graus zusammen;
Ein Gluthstrom, zischte siedend heiß
Die Masse des geschmolznen Bleis
Von dem versengten, schwarzen Dache —
Nicht war's zu fest für meine Rache!
Nicht dachten sie, als sie mit Hieben
Das muth'ge Roß und seine Bürde

In's schreckliche Verderben trieben,
Daß ich einst wiederkommen würde,
Und Tausende von Reitern mit,
Zu danken für den groben Ritt.
Wohl spielte mir der wilde Troß,
Als er mich auf's beschäumte Roß
Mit Stricken band, 'nen argen Streich!
Doch, Buben! ich vergalt ihn euch!
Die Zeit macht endlich Alles gleich!
Wenn man nur auf die Stunde wacht,
So gab's noch keine Menschenmacht,
Die, wird ihr Unrecht nicht verziehn,
Dem stillen Nahen könnt' entfliehn,
Der langen, doch geduld'gen Wache
Deß, der da heimlich sinnt auf Rache!"

XI.

„Fort! fort! — wohl über Thal und Hügel,
Wie auf des Windes schnellem Flügel!
Fort! immer vorwärts sprengt das Thier:
Wie Meteore fliegen wir,
Wenn knisternd, in entflammter Pracht,

Das Nordlicht funkelt durch die Nacht.
Dorf, Stadt liegt nicht auf unsrer Bahn,
Rings einer wilden Ebne Plan,
Begränzt vom finstern Forste nur!
Von Menschen nirgend eine Spur,
Als daß von jenen fernen Höhn,
Im Strahl der Dämmrung halb gesehn,
Ein graues, altes Bollwerk schaut,
Den Tartarn einst zum Trotz erbaut.
Hier zog, ein einzig Jahr vorher,
Zu Fuß und Roß ein Türkenheer,
Und wo der Spahis Huf den Boden
Gestampft, entsprießt kein Gras den Boden.
Trüb' ist der Himmel, hier wie dort;
Am Boden, leise flüsternd, kreucht
Der Wind; ein Seufzer hätt' ihn leicht
Erwiedert — aber fort ging's, fort!
Und über meine Lippen geht
Kein Seufzer, geht kein bang Gebet;
Mein Schweiß, in dicken Tropfen, kalt,
Fällt auf die Mähn', die sträubend wallt,
Und stets noch vorwärts sprengt voll Muth

Das Roß, und schnaubt vor Zorn und Wuth.
Wohl dacht' ich oft um zu verschnaufen,
Hielt's einmal an im schnellen Laufen;
Vergebne Hoffnung! — wie vermag
Mein Leib, gefesselt, matt und schwach,
Zu bändigen des Renners Zorn?
Er dient ihm nur noch mehr zum Sporn,
Und jede Regung, die ich machte,
Wenn ich sie zu befreien dachte,
Die blut'gen, angeschwollnen Glieder,
Macht wilder ihn, und wüth'ger wieder!
Ich rufe — kaum vernimmt's ein Ohr!
Doch, wie gepeitscht scheut er empor
Und springt beim schwächsten Laute bang,
Als schmetterte Trompetenklang.
Blut rinnt aus jedem meiner Glieder,
Und netzt die Seil', und tröpfelt nieder,
Und heiß, so brennt wohl Feuer kaum,
Brennt Durst auf Zunge und auf Gaum."

XII.

„Wir sind am Forst — er ist so weit,
So unermeßlich lang und breit;
Besetzt mit Bäumen, stark und alt;
Nicht beugt der Sturmwind sie, der kalt
Herab vom Nord Sibiriens fährt,
Und Wälder wild im Flug zerstört.
Doch wen'ge sind es, und dazwischen
Wogt es und wallt es dicht von Büschen
Die junges, frisches Laubwerk schmückt,
Das noch der Herbsthauch nicht geknickt,
Der's hinstreut, wenn es welk und todt
Entstellt wird durch ein saftlos Roth,
Das drauf steht, wie geronnen Blut
Auf den Erschlagnen; wenn die Wuth
Der Schlacht vertobt; wenn eine Nacht,
Die bittern, kalten Frost gebracht,
Mit kühlem Wehn berührt die bleichen,
Die starren, unbegrabnen Leichen:
Des Raben Schnabel selbst durchsticht
Die steif gefrornen Wangen nicht!

Es war ein wildes Unterholz;
Nur hier und da stand hoch und stolz
Ein Fichtenstamm, ein Eichenbaum,
Jedoch getrennt durch weiten Raum;
Und wohl mir, daß sie also stehn,
Sonst war es, traun! um mich geschehn!
Die schwanken Zweige geben nach;
Den Schmerz der Wunden allgemach
Lern' ich ertragen; starr und kalt
Verharrschen sie vor Frost schon bald!
Und meine Banden, meine Stricke,
Sie halten mich vom Sturz zurücke.
Mit Rauschen, wie der Wind, durchstreichen
Das Laub wir; laffen Busch und Eichen,
Und Wölfe hinten. Dumpfig heulend,
Und stets auf unsern Spuren eilend,
Vernahm ich Nachts sie; dicht genug
Folgt uns der mörderische Zug!
Mit jenem trägen Lauf, der Rüden
Und hitz'ge Jäger kann ermüden.
Sie folgen uns auf unserm Pfad,
Bis daß die Morgensonne naht,

Bei Tages Anbruch in den Gründen
Sah ich sie durch den Wald sich winden,
Und in der Nacht hört' ich sie leise,
Still raschelnd folgen unserm Gleise.
Wie wünscht' ich da mir Schwert und Spieß,
Denn, mußt' ich sterben, war's doch süß,
Im Kampf mit ihrer Schaar zu sterben,
Und sterbend Feinde zu verderben.
Als meines Renners Lauf begonnen,
Wünscht' ich das Ziel wär' schon gewonnen;
Jetzt hielt ich für die schnelle Flucht
Zu schwach ihn — ach! von wilder Zucht,
Ist schnell er wie des Berges Reh!
Nicht schneller fällt herab der Schnee,
Der blendend um den Landmann schwebt,
Und ihn an jener Thür begräbt,
Auf deren wohlbekannter Schwelle
Er nie mehr stehn wird, von der Helle,
Der blendenden, verwirrt — als er
Schnell durch den Waldweg sprengt einher,
Voll Kraft und wilder noch, als wild;
Toll, wie ein Kind, dem unerfüllt

Ein Wunsch bleibt; wie an seiner Statt,
Ein Weib, das, reizt man's, Willen hat."

XIII.

„Durchflogen war der wilde Wald;
Nach Mittag war's, und doch war's kalt,
Obgleich die Junisonne glüht;
Vielleicht, daß kalt nur mein Geblüt,
Und daß es mir nur so geschienen,
Denn Leiden schwächt auch wohl den Kühnen!
Ich war nicht, was ich scheine wohl;
Nein, wie ein Strom im Winter, toll!
Und heiß ließ mein Gefühl ich gehn,
Eh' ich noch seinen Grund gesehn.
Die Wuth, die Furcht, die in mir wühlte,
Der Zorn, den ich im Busen fühlte,
Jetzt, wo ich starr, bedeckt mit Wunden,
Nackt auf ein wildes Roß gebunden,
Von Pein, von Hunger, und von Schaam
Gequält ward, und von wildem Gram,
War Erbtheil eines Stamms, deß Blut,
Zertritt man's, reizt man es zur Wuth —

Sonst ist es ruhig, schadet nicht! —
Jach, wie die Klapperschlange, sticht.
Was Wunder, wenn ich, müd und schwach,
Dem Schmerz 'nen Augenblick erlag?
Der Himmel über mir ging rund,
Der Boden tanzend, wich zurücke;
Ich dacht', ich sänke auf den Grund,
Doch Irrthum war's — mich hielten Stricke.
Mein Herz schlug matt, mein Hirn ward schwer,
Erst pocht' es noch, doch dann nicht mehr!
Der Himmel wirbelte, voll Funken;
Die Bäume taumelten, wie trunken,
Und zuckend fuhr's, wie Blitzesschimmer,
Dem Aug' vorbei — wohl sieht es nimmer!
Wer stirbt, fühlt das nicht, was ich litt,
Gequält vom schauderhaften Ritt.
Ich sah das Dunkel gehn und kommen,
Und wollte wachen; doch nicht klommen
Die dumpfen Sinne in die Höh.
Mir war's, als wenn ich auf der See
Auf einer Planke säß: die Wellen,
Die jetzt, dich hebend, brausend schwellen,

Verschütten dich im Augenblick
Der folgt; du sinkst in Nacht zurück!
Den Lichtern gleich, die tanzend, irrend,
Vor dem geschlossnen Auge schwirrend,
Die Phantasie uns führt vorüber,
Umflort das Haupt ein schweres Fieber,
War jetzt mein schwankend Leben; doch
Bald war's vorbei; nur schlimmer noch
Umbraust mich jetzt des Irrseins Meer.
Wohl würde mir der Tod einst schwer,
Sollt' ich das Alles wieder schmecken;
Und dennoch glaub' ich, größre Schrecken
Erwarten uns, eh' wir zur Erden,
Von der wir kamen, wieder werden!
Sei's! — meine Stirn war ausgesetzt
Dem Tode, ehmals so, wie jetzt!"

XIV.

„Zurück kam die Besinnung; kalt
Und starr und schwindlich bin ich; leise,
Allmählig faßt das Leben Halt,
Und kehrt zurück zum alten Gleise.

Ich fühle Schmerz; im Augenblick
Erfaßt mich Krampf; ich zucke, stöhne;
Von Neuem fließt das Blut, doch dick
Und kalt; es schwirren fremde Töne.
Mein Herz schlägt langsam auf und nieder,
Das Licht der Augen kehret wieder,
Doch trüb, als wie umhüllt mit Flor
Als wäre dunkel Glas davor.
Mir ist's, als rauschte in der Näh
Ein Strom; mir ist es gar, als säh'
Den Himmel ich, vom Sternenschimmer
Durchglüht — und, ha! der kühne Schwimmer,
Der wilde Gaul — es ist kein Traum! —
Schwimmt durch des wildern Stromes Schaum.
Des breiten Flußes blaue Welle
Strömt fern und weit, und blitzt so helle;
Stromüber, fern und unbekannt —
Bald sind wir dort! — liegt fremdes Land.
Aus dumpfem Traumesbrüten weckt
Die Fluth mich; und erstärkend leckt
Ihr kühler Schaum die steifen Glieder,
Und macht sie leicht und schmeidig wieder.

Des Renners breite Bruſt durchſchießt
Die Woge, die uns brauſend grüßt;
Wir ſchwimmen rüſtig fort!
Der Renner ſtrebt, und ſchnaubt, und keucht,
Bis wir den glatten Strand erreicht;
Kaum wünſch' ich einen Port!
Denn hinter uns iſt's fürchterlich,
Und vor uns, ach! verbreitet ſich
Nur Nacht und Graus. — Ob's Nacht, ob's Tag
Geweſen, und wie lang ich lag
In dieſer langen Marter Plagen,
Ich kann es euch fürwahr nicht ſagen;
War ich es mir doch kaum bewußt,
Ob noch geathmet meine Bruſt."

XV.

„Die Seiten dampfend, flog das Roß
Mit letzter Kraft hinan den Strand;
Es ſchwankte; von der Mähne floß
Das Waſſer triefend auf den Sand.
Jetzt ſind wir oben; endlos breiten
Sich vor uns einer Ebne Weiten;

Weit, weit, wie eines Abgrunds Raum,
Wie wir ihn oft wohl sehn im Traum.
Die Streifen, die sie weiß durchziehn,
Die Stellen rings, so dunkelgrün,
Sie treten aus der Nacht hervor,
Als jetzt am Horizont empor
Der Mond sich hebt; doch was ich schau'
Rings auf der Steppe trübem Grau,
Was meinem Blick sich zeigen mag —
Ach! nirgendwo ein wirthlich Dach!
Kein glitzernd Licht strahlt mir von fern,
Und winkt, ein gastlichheitrer Stern;
Kein Irrlicht selbst mit falbem Schein
Mag Zeuge meiner Schmerzen sein!
O! daß ich doch mit trübem Strahl
Nur eines mich umhüpfen sähe!
Es mahnte doch in meiner Qual,
Wenn täuschend auch, an Menschennähe!"

XVI.

„Fort ging's! — doch matt und träg. Erschlafft
Ist endlich seine wilde Kraft.

Schwach schäumend nur, das Haupt gesenkt —
Ein Knabe hätt' ihn leicht gelenkt! —
Nicht schnaubend und nicht bäumend mehr,
Geht leis der Gaul einher.
Doch keinen Vortheil bringt es mir,
Ist muthlos auch das matte Thier!
Es fesseln mich ja Stricke noch;
Und wär' ich frei, so fehlte doch
Die Kraft. Ich will mit schwachem Ringen
Zerreißen meine blut'gen Schlingen;
Vergeblich ist mein Müh'n!
Es mehrt den Schmerz, statt ihn zu heben;
Drum geb' ich auf das eitle Streben,
Mich meinen Banden zu entziehn.
Bald scheint des Laufes Bahn verronnen,
Obgleich noch stets kein Ziel gewonnen;
Ein Purpurstreif im Osten zeigt,
Daß bald empor die Sonne steigt.
Wie langsam scheint sie sich zu heben!
Nie scheint die Nebel, die dort schweben,
Ihr goldner Frühstrahl heut' zu schmelzen!
Wie schwer sie sich zur Seite wälzen,

Bis jetzt, mit purpurrothem Glühn
Sie östlich flammt — die Sterne fliehn;
Ihr Strahl, der flimmernde, verbleicht!
Und sie, auf goldnem Throne, steigt
Empor, und füllt die Erde ganz,
Die Einzige, mit ihrem Glanz."

XVII.

„Die Sonne geht auf; der Nebel fällt;
Er wirbelt zurück; die stille Welt
Liegt um uns her in Tageshelle!
Was half es, Forst und Stromeswelle,
Und Ebne zu durchsprengen? Hier
Ist keine Spur von Mensch und Thier.
Die üppigwilden Fluren zeigen
Nicht Spur von Fuß und Huf — sie schweigen;
Nichts mahnt an Menschenwerk ringsum!
Die Luft sogar ist stumm!
Nicht eines Käfers Summen dröhnt,
Nicht eines Vogels Frühlied tönt
Aus Gras und Busch. Noch manche Werste —
(Es keucht, als ob das Herz ihm berste —

Schwankt matt das Roß; wir sind allein,
Wir scheinen's wenigstens zu sein.
Da plötzlich, dünkte mich, vernahm
Ich Wiehern eines Renners; kam
Es nicht aus jenen dunkeln Föhren?
Was mag die Zweige wild durchstören?
Ist es der Wind? — Nein, tausend Pferde
Entbäumen dem Forst; von ihren Hufen —
Ich seh' sie kommen! — bebt die Erde;
Ich öffne den Mund — ich kann nicht rufen!
Sie rauschen über Stepp' und Hügel,
Allein wer lenkt der Rosse Zügel?
Wohl tausend Rosse — wie scheu sie blicken! —
Allein kein Reiter auf ihrem Rücken!
Es wallt der Schweif, es fliegt die Mähne;
Die Nüstern weit; durch ihre Zähne
Ging kein Gebiß; nie klebte Blut
Am Maul; nie war ihr Huf beschuht,
Und nicht vermag von Spornes Eisen
Die Seite Narben aufzuweisen.
Wohl tausend Rosse, wild und frei!
Dumpf donnernd kommen sie herbei;

Wie Well' an Well' auf weitem Meer,
So wogt ihr dichter Schwarm einher,
Im graden Laufe uns entgegen,
Die wir nur schwach uns fortbewegen.
Ihr Anblick gibt des Renners Füßen
Von Neuem Kraft; er wiehert; grüßen
Will er die ungezähmten Brüder;
Er hebt sich matt, und sinkt dann nieder.
Mit glas'gem Auge liegt er da;
Er stöhnt, ist starr, sein Tod ist nah;
Dampf wallt von seinen Gliedern auf —
Es war sein erster, letzter Lauf!
Kaum taumelt er, und stürzt zur Erde,
Da naht sich rasch die wilde Heerde;
Sie sehn, wie ich mit blut'gen Stricken
Gefesselt bin auf seinen Rücken.
Sie schnauben, stutzen, schnauben wieder,
Sie gallopiren auf und nieder;
Sie nahn, sie fliehn, umsprengen dann
Im weiten Kreis den Reitersmann,
Und plötzlich drauf, im Augenblick,
Wild jagend, sprengen sie zurück.

Ein mächt'ger Rappe, stark und kühn,
Der seines Stammes Vater schien,
Führt alle an; kein weißes Haar,
Kein einzig weißes Fleckchen war
Auf seinem rauhen, schwarzen Fell;
Sie schnauben, wiehern, schäumen — schnell
Alsdann, von des Instinktes Macht
Geführt, fliehn sie des Menschen Blick,
Und tauchen in die finstre Nacht
Des dichten Tannenforsts zurück.
Sie lassen mich im Staube liegen,
Verzweifelnd, in den letzten Zügen,
Gebunden auf das todte Thier,
Das steif und leblos unter mir
Sich ausstreckt auf der Heide Moos,
Jetzt seiner fremden Bürde los.
O, wär' ich seiner los! da lag
Der Sterbende nun auf dem Todten!
Nicht wähnt' ich, daß der andre Tag
Mir freundlich seinen Gruß entboten."

„Vom Morgen bis zur Dämmerung
Lag ich; der trägen Stunden Schwung

Vernahm ich, hatte grad noch Leben
Genug, die Sonne niederschweben
Zu sehn — die letzte, die ich sah!
Beraubt der Hoffnung lag ich da,
In jener Stimmung, die uns leicht
Das macht, was unser ganzes Leben
Als größte, letzte Furcht uns zeigt;
Wir sind gefaßt, wir sind ergeben;
'S ist unvermeidlich, Wohlthat gar;
Nicht wen'ger gütig, wenn's ein Jahr
Zu früh erscheint; und dennoch, traun!
Erregt es uns ein solches Graun,
Als wär' es einzig eine Schlinge,
Der nur der Klugheit Haupt entginge.
Oft wünschen wir's, gehn ihm entgegen,
Und suchen's mit dem eignen Degen;
Doch, wie sich unser Schicksal wende,
Es bleibt ein düster, furchtbar Ende,
Selbst dem, den tiefes Elend drückt;
Und wie's auch unser Aug' erblickt,
Und welche Form es angenommen,
Es ist uns nimmerdar willkommen.

Und, seltsam! die hier nur Vergnügen
Geschmeckt, die stets in vollen Zügen
Der Erdenlüste Becher tranken,
In Wollust, Schwelgerei versanken,
Sie sterben ruhiger wohl oft,
Als der, so hier umsonst gehofft,
Deß einzig Erbtheil Elend war.
Denn, wer der Erdenfreuden Schaar,
Die lächelnd ihm das Leben bot,
Genossen hat — naht ihm der Tod —
Verliert, gewinnt auf keiner Seite;
Nichts, was ihm Kummer noch bereite,
Als seine Zukunft; — und die sieht
Ein Jeder — nicht wie sein Gemüth,
Verdorben oder tugendhaft —
Nein, nach dem Maaß der eignen Kraft.
Allein den Sohn des Jammers nimmer
Verläßt der Hoffnung matter Schimmer;
Stets denkt er noch: O, bald erscheint
Das Ende meiner Qual! — Sein Freund,
Der Tod, ist seinem blöden Blicke
Ein Räuber, der mit arger Tücke

Ihm nimmt des bald'gen Glückes Traum,
Des neuen Paradieses Baum.
Der nächste Morgen bringt ihm schon,
So hofft er, den ersehnten Lohn;
Er wird der Tage erster sein,
Die Fluch und Thränen nicht entweihn;
Er führt der goldnen Jahre Reigen,
Die sich durch Thränennebel zeigen,
Die lang und winkend vor ihm glänzen,
Den Dulder lohnend zu bekränzen;
Noch eine einz'ge kurze Nacht!
Der nächste Morgen bringt ihm Macht,
Und Glück, und Glanz, und Ruhm, und Habe —
Und dämmert über seinem Grabe?

XVIII.

„Die Sonne sank — des Jammers Raub,
Lag ich noch auf dem starren Thier;
Wohl mischt sich, dacht' ich, unser Staub!
O, wär' ich todt! — Nichts zeigte mir
Sonst Hoffnung noch, von den Beschwerden
Der langen Qual befreit zu werden.

Zum letzten Mal blickt himmelan
Mein Aug', und sieht, wie's matt sich hebt,
Wie über uns der Rabe schwebt,
Der kaum die Zeit erwarten kann,
Bis daß auch mir entflohn das Leben,
Zum Leichenmahl herabzuschweben.
Er flattert, setzt sich, flattert wieder,
Schwebt tiefer dann und näher nieder.
Hell durch des Zwielichts Dunkel sah
Ich seine Schwingen, und so nah
Ließ er sich einmal bei mir nieder,
Daß, wären nur nicht meine Glieder
So schwach, mit meines Armes Schlägen
Ich leicht ihn hätte tödten mögen.
Doch ich bewegte schwach die Hand,
Und kratzte, angsterfüllt, im Sand;
Ein mattes Murmeln — und, verscheucht,
Nimmt er sich endlich auf, entfleucht.
Mehr weiß ich nicht — doch träumte mir
Von einem schönen, lichten Sterne;
Mein trübes Aug' sieht ihn von ferne;
Er geht, er kommt, jetzt ist er hier.

Auch war's mir einen Augenblick,
Als käm' Besinnung mir zurück,
Dumpf, trübe, tanzend, schwimmend, kalt;
Doch lange nicht — ich mußte bald
Des Todes kaltem Hauch erliegen;
Nach wen'gen schwachen Athemzügen
Ein Schaudern noch, ein kurzer Halt,
Und dann so kalt, so eisig kalt,
Das Blut gerann in Brust und Herz,
Ein Schimmern, und im Haupte Schmerz;
Ich fahre auf, ich athme schwer —
Ein Seufzer — und Nichts mehr!"

XIX.

„Ich erwache — wo bin ich? — blickt mir nicht
Ein menschlich Antlitz in's Gesicht?
Schließt sich nicht über mir ein Dach?
Ruh' ich auf einem Lager? — ach,
'S ist Traum wohl! Ist denn dies ein Zimmer,
Und ist's ein Menschenaug', des Schimmer
Mir freundlich milden Blickes lacht,
Und sorgsam hütend mich bewacht?

Ich seh's; und, kaum geöffnet, wieder
Schließ' ich die matten Augenlieder,
Als glaubte ich, mein vorig Fieber
Sei nimmerdar schon jetzt vorüber.
Ein lockig Mädchen, schlank und schön,
Sah ich an meinem Lager stehn;
Tief, tief traf mich ihr Feuerblick,
Als mein Bewußtsein kam zurück;
Denn immer, immer wieder sieht
Ihr freies, schwarzes Aug' mich an,
In dem Erbarmen, Mitleid glüht;
Bis ich zuletzt gewiß sein kann,
Daß nicht Gesichte mich umschweben,
Daß ich gerettet bin zum Leben,
Kein Fraß den Geiern, nicht gekettet
An's todte Roß — erlöst, gerettet!
Als das Kosackenmädchen sah'
Wie ich mit offnen Augen da
Nun lag, strahlt' lächelnd ihr Gesicht;
Ich wollte sprechen, konnte nicht;
Allein sie nähert sich dem Bette,
Und legt den Finger auf den Mund,

Und macht mir durch dies Zeichen kund,
Daß ich, bis neue Kraft ich hätte,
Um laut, wie ehemals, zu sprechen,
Das Schweigen ja nicht dürfe brechen;
Legt dann auf meine Hand die ihre,
Sieht nach den Kissen, geht zur Thüre
Ganz leise, macht sie auf, und spricht
Mit Flüstern — süßer jemals nicht
Vernahm ich einer Stimme Klang!
Musik folgt selbst des Mädchens Gang! —
Doch die sie rief, sind nicht erwacht;
Sie geht hinaus; doch vorher macht
Ein Zeichen sie, und sieht mich an,
Daß ohne Furcht ich bleiben kann;
Daß Alle, sollt' ich 'was begehren,
Auf meinen Ruf mir nahe wären;
Sie selbst auch würde nicht zu lang
Mir fern sein — und mit leichtem Gang
Entschwebt sie, und ich war allein; —
War sie doch fort! — ich mußt es sein!"

XX.

„Sie kam mit Mutter, Vater wieder;
Ihr würdet wahrlich, Herr! noch müder,
Als ihr schon seid, wollt' ich euch sagen,
Was sich mit mir noch zugetragen,
Seitdem ich, wie durch Zauber fast,
Geworden der Kosacken Gast.
Sie fanden leblos in der Mitte
Der Flur mich, trugen mich zur Hütte;
Sie riefen mich zurück in's Leben,
Mir — einst ihr Fürstenthum zu geben.
So schickte jener Thor, der Leiden
Für mich ersann, mit wildem Hohn
An meinen Schmerzen sich zu weiden,
Mich nackt und blutend in's Verderben,
Gebunden — um mir einen Thron
Jenseits der Steppe zu erwerben. —
Kein Sterblicher kennt sein Geschick!
Vertraue Jeder drum dem Glück!
Verzweifle Keiner! — Morgen schon
Sind wir vielleicht dem Feind entflohn,

Und der Borysthenes sieht morgen
Schon unsre Rosse wohlgeborgen
Auf seines Türkenufers Rasen,
Der Feinde Schaar entronnen, grasen!
Und keinen Fluß rings auf der Erde
Grüßt' ich, wie ich ihn grüßen werde,
Hat mich mein Scheck erst hingebracht;
Und nun, Kam'raden! gute Nacht!" —
Der Hetmann legt mit frohem Sinn
Sich in der Eiche Schatten hin.
Sein Bett von Laub war schon bereit;
Für ihn bequem genug! 's war heut'
Das erste nicht der Art! — Zur Ruh'
Ging er, wenn's Zeit war; sah nicht zu,
An welchem Orte. — Bald schon sank
Der Schlaf auf ihn herab. Den Dank,
Sprecht wundernd ihr, für den Bericht
Vergaß der König? — Traun! ihn nicht
Nimmt's Wunder — schon seit einer Stunde
Schläft er in seiner Treuen Runde.

Der Eggesterstein.
Erzählung.

Es war an einem schönen Sommernachmittage des Jahres 1831, als auf der Kunststraße, welche von dem kleinen Badeorte Meinberg nach den Eggestersteinen führt, ein leichter Reisewagen rasch einherrollte, und vor dem Krughause, welches sich am Fuße der genannten herrlichen Felsengruppe erhebt, Halt machte. Der Schlag öffnete sich, und die Insassen des zierlichen Gefährs — lebenslustige Meinberger Badegäste, welche den ehrwürdigen Steinriesen einen Besuch zugedacht hatten — grüßten mit lautem, freudigen Zuruf das Ziel ihrer kurzen Fahrt, und eilten dann, die Merkwürdigkeiten desselben in Augenschein zu nehmen. Neugierig durchforschten sie die Grotte, welche sich im ersten und höchsten der Felsen befindet; sinnend verweilten sie vor dem grauen, verwitterten Denkmale altdeutscher Skulptur, welches, die Abnahme Christi vom Kreuze, und den

Sündenfall der ersten Menschen darstellend, zwischen den beiden Eingängen dieser Grotte schroff und kräftig aus der Felswand herausgehauen ist; und mit Grauen erblickten sie den mächtigen, losgerissenen Stein, welcher, auf der Spitze des vierten Felsen ruhend, jeden Augenblick herabzustürzen, und das Haupt des Wanderers zu zerschmettern droht. Mit schweigender Ehrfurcht — denn wer empfände wohl nicht Ehrfurcht beim Schauen einer Stätte, die einst Tausenden heilig war, von welcher tausend und aber tausend Gebete zum Himmel empor stiegen, wo Frieden und Ruhe in tausende von bekümmerten Herzen wieder einkehrten — beugten sie sich über das sogenannte Grab Christi, welches unmittelbar unter dem Fuße des ersten Felsen, wo derselbe von den Wellen des Bächleins Lichtheupte bespült wird, unter dem Rasen in das Gestein hineingearbeitet ist. Dann schickten sie sich an, die besteigbaren Felsen zu erklimmen. Nicht ohne Zagen wandelten die Frauen, keck und kräftig schritten die Männer die engen Stiegen hinan. Nach langem Hin= und Herklettern machten die Ermüdeten endlich auf dem geräumigen, zum Ausruhen geeigneten Gipfel des ersten Felsen Halt, wo sie zu rasten, und einige Erfrischungen einzunehmen beschlossen. In bunter Reihe lagerte sich die Gesellschaft auf den steinernen Bänken, bald stand die blitzende Zinnkanne mit dem braunen Tranke der Levante dampfend auf dem Tische, und eine heitere Unterhaltung, deren Gegenstand, wie billig, zumeist der Eggesterstein war, entspann sich. Im Laufe des Gesprächs gedachte man unter Anderem auch der Leistungen, welche das Daseyn dieser Felskolosse im Gebiete der Kunst und der Wissenschaft hervorgerufen hat. Mich hat es immer gewundert — bemerkte Einer der Anwesenden, ein junger Mann, welchen wir **Alfred** nennen wollen — mich hat es immer gewundert, daß das romantische Lokal, die in Mythen eingehüllte, der poetischen Fiction unbeschränkten Spielraum darbietende ältere Geschichte dieser Steine bis jetzt noch gar nicht von vaterländischen Dichtern benutzt worden ist. Während Maler und Kupferstecher, Geognosten und Archäologen, Historiker und Architekten sich um die Wette beeifert haben, die ergrauenden Häupter der alten Knaben mit frischen Kränzen zu umwinden; während die Namen eines Strack, Clostermeier, Hammerstein, Dorow und Anderer mit eherner Schrift in den Jahrbüchern der Eggestersteine eingeschrieben stehen, hat, so viel mir bewußt, noch kein deutscher Dichter es versucht, die nackten, rauhen Formen der gewaltigen Bergriesen mit dem lieblichen Gewande der Dichtung zu bekleiden, und, die wilden, starren Söhne des Waldes in dem magischen Goldnetze der Romantik gefangen haltend, ihren Namen so zu verherrlichen, wie die geistreiche Elise v. H. in ihrer Novelle: „Germaniens Lucretia" den Bruder des Eggestersteins, den das benachbarte Weserthal beherrschenden Hohenstein verherrlicht hat, oder wie der ritterliche Sänger Friedrich Fouqué in seinem anmuthigen Mährlein: „Schön Ilsa und ihre weiße Kuh" die Ludener Klippe.

Solltest du einmal eine Novelle schreiben, in welcher der Eggesterstein eine Rolle spielte — sprach sein Freund Ludwig — so würdest du die Handlung derselben gewiß im Mittelalter vorgehen lassen?

Zweifelsohne! — entgegnete Alfred — das

Mittelalter war ja die goldene Zeit des Eggestersteins! Da wallte des nördlichen Deutschlands gläubige Christenheit zu ihm hin, wie die Bekenner des Islam zum Grabe des Propheten pilgern. Denke dir ihn einmal als Wallfahrtsort! Welch ein Altar! welch eine Kirche! Des Waldes schlanke Bäume, die Säulen des Riesentempels, das unermeßliche Blau des Himmels, die Kuppel, der grüne, schwellende Sammet des weichen Rasens, der Fußteppich für die zahllos herbeiströmenden Andächtigen, und das Zwitschern der Vögel, das Säuseln der Zweige, das Rauschen des Baches, die Orgeltöne, welche den von der Steinwand wiederhallenden Gesang der Andächtigen begleiten. Stelle dir das Bild recht lebhaft vor! Gäbe es nicht allein schon einen hübschen Hintergrund zu einer Scene eines historisch=romantischen Gemäldes ab? Und nun noch die derbe, kräftige Volkssage —

Eine Volkssage?! — riefen wie aus Einem Munde die Frauen — die müssen Sie uns aber erzählen, lieber Alfred!

Gern! — erwiederte der Aufgeforderte.

Halt! — ertönte da eine Stimme über den Tisch herüber. Der Inhaber derselben, die dritte männliche Person des kleinen Zirkels, erhob sich von seinem Sitze, zog aus der Tasche seines Fracks ein zierlich gefaltetes Heft hervor, und rief, indem er eine Pantomime gegen Alfred machte, mit komischem Zorne:

Frecher! Wie kannst du es wagen, dich einem Geschäfte unterziehen zu wollen, dessen Ausführung mir, mir allein zukommt. Glaubst du, es sey der tauben Nüsse wegen, daß ich meinen Pegasus seit vorigem Sonntage in jenen finstern Zeiten, von welchen du eben sprachst, herumgetummelt habe? Glaubst du, ich habe zwecklos den gestrigen Ball versäumt, und die Blätter dieses Heftes beim trüben Lampenlichte vollgeschrieben, während des Mazureks zauberische Töne lockend in mein stilles Kämmerlein herüberdrangen? Glaubst du endlich, ich habe mein Poem deswegen mit hergebracht, um den Zuhörer zu machen, wenn du mit prosaischer Langweiligkeit den nackten, dürren Stoff der phantastischen Dichtung vorträgst? Das sey ferne, Verehrtester!

Alfred lächelte; der Sprecher fuhr, gegen die Damen gewendet, fort:

Sie müssen wissen, meine Damen, daß ich die eben erwähnte Volkssage, deren Mittheilung Sie wünschten, zu einer Novelle, einem Mährchen oder wie Sie das Ding sonst nennen wollen, verarbeitet habe, und zwar in der Absicht, Ihnen dies neueste Kindlein meines, dergleichen Phantastereien gar zu gern ausbrütenden Gehirns hier an Ort und Stelle, umweht von dem kühlen Hauche des alten Teuto=burger Forstes, vorzulesen. Wenn Sie es erlauben, so mache ich gleich den Anfang. Ich muß aber im Voraus um Entschuldigung bitten, wenn ich —

Keine unzeitige Bescheidenheit, Theodor! — fielen ihm die Frauen in die Rede — beginnen Sie nur rasch, wir sterben vor Erwartung!

Und Theodor schlürfte behaglich die letzte Tasse des duftenden Mokkatrankes, zupfte an den Vater=mördern, räusperte sich, und las, wie folgt:

Der Frühling des elfhundert und dritten Jahres nach der Geburt des Herrn war gekommen. Der alte, immer auf's Neue gebärende Schooß der

Mutter=Erde hatte die lieblichsten seiner Kinder, die duftigen Blumen des Lenzes, schon hervorsprießen lassen; aus den Spitzen der Reiser und Zweige schauten wohlgeruchhauchende Knöspchen neugierig in die sonnenhellen Thäler, und bald standen Wald und Gefild in ihrem grünen Sommerrocke prangend da, von jubilirenden Vögeln, summenden Käfern und buntfarbigen Schmetterlingen durchsungen, durch= schwirrt und durchgaukelt. Ueberall Leben und Thätigkeit! allenthalben Freude und Wonne! — Da begab es sich, daß auch auf und neben den Eggestersteinen, wo es sonst so still und fast schauer= lich einsam war, ein gar lautes und lustiges Leben erwachte. Wo sonst nur der weithindröhnende Schlag der Holzaxt, oder das Geschmetter des Hifthorns birschender Ritter den Wiederhall geweckt hatten; wo sonst nur von Zeit zu Zeit wild durch's Gehölz berstende Rudel leichtfüßiger Hirsche oder Frischlinge das heilige Schweigen des Waldes unterbrochen hatten, da erklangen jetzt Töne ganz anderer Art. Meißel pinkten, Karren rollten, Winden knarrten, ermunternder Zuruf und heischende Befehle schollen dazwischen; und wohl hätte ein Frembling, welcher, den Forst durchwandelnd, zufällig von fern das wirre Getöse vernommen hätte, eher glauben können, sich einer volkreichen, gewerbefleißigen Stadt, denn einer einsamen, inmitten düstrer Waldungen schroff gen Himmel strebenden Felsenreihe zu nähern. Das hatte aber so seinen Zugang. Der hochwürdige Herr Gumbert, zeitiger Abt des Klosters Abbing=hof, und als solcher Grundeigenthümer des Eggester=steines, hatte beschlossen, denselben zu einem Wall=fahrtsorte zu erheben. Aus allen Gegenden Deutsch=lands, besonders aber aus der benachbarten Bischofs=stadt Paderborn, hatte er zu dem Ende geschickte Künstler und Handwerker entboten, deren Fleiß die mächtige Felsenburg und ihre nächste Umgebung zu einem würdigen Tempel des Höchsten umschaffen sollte. Herrlich gedieh das schöne Unternehmen. Schlanke Gerüste ragten an den gigantischen Sand=steinmassen empor, zahlreiche Maurer und Steinhauer förderten geschäftig auf dem Gipfel der Felsen ihr Werk, oder schwebten an gebrechlichen Strickleitern an den Seiten derselben, so daß es schier anzusehen war, als ob die zackigen Klippen versteinerte Riesen gewesen wären, auf welchen feindlicher Zwerge schwächliches Geschlecht, jetzt vor dem Zorne des Gewaltigen sicher, umherhüpfte, und mit ohnmächtigen Stößen und Hieben seinem Groll gegen die Verhaßten Luft machte. — Schon war die Oeffnung im Gipfel des zweiten Steines, welche zu einer Kapelle dienen sollte, ausgehöhlt; schon schlängelte sich eine Treppe zu derselben empor; schon erblickte man das Grab Christi; vor Allem aber sah man schon in immer schärfern und bestimmtern Umrissen die Gestalten des Altarblattes am Fuße des ersten Felsen aus der harten Wand hervortreten.

Der junge Steinmetz, welchem es oblag, das letztgenannte Bildwerk zu vollenden, war aber auch von mehr als gewöhnlichem Eifer beseelt. Wenn seine Genossen noch in den leichten Bretterhütten schlummerten, welche sie sich am Fuße des Felsen für die Zeit ihres Aufenthalts am Eggesterseine gezimmert hatten, dann saß Walther, Meißel und Klöpfel in der Hand, schon emsig vor dem werdenden, von den Strahlen der aufgehenden Sonne beschienenen Bilde. Wenn jene schon längst Feierabend gemacht hatten, und sich, auf dem Rasen, oder auf losgesprengten, am Boden liegenden Felsstücken sitzend, mit dem Würfelspiele die Zeit verkürzten, oder sich von ihren Brüdern und Söhnen erzählten, welche vor wenigen Jahren den Panieren des Kreuzes in's heilige Land gefolgt waren, dann konnte man sicher seyn, daß Walther nicht unter ihnen war, sondern entweder noch eifrig meißelte, oder, über die Vollendung seines Werkes nachsinnend, sich in den kühlen Laubhallen des nahen Waldes erging. Hohe Liebe für sein Fach, schwärmerische Begeisterung für die Kunst glühten in der Brust des Jünglings. Doch waren sie es nicht allein, welche ihn anspornten, eine ihrem hohen Zweck entsprechende Arbeit zu fertigen; mehr als Alles feuerte seine rastlose Thätigkeit das Verlangen an, ein köstliches Kleinod zu erringen, dessen Besitz sich an die tadellose Vollendung des begonnenen Werkes knüpfte. Er hatte früher als Gesell in der Werkstatt des alten Bildhauers Wolfram zu Paderborn gearbeitet, und die reizende Tochter desselben, die

achtzehnjährige Kunigunde, liebgewonnen. Das
Mädchen erwiederte seine Neigung, und der Vater
segnete den Bund der Liebenden, machte aber zur
Bedingung, daß Walther erst dann Kunigunden heim=
führen dürfe, wenn sein Meißel ein anerkannt
tüchtiges Bildwerk zu Tage gefördert habe. Dazu
gab der Aufruf des Abtes Gumbert dem liebenden
Jüngling eine schöne Gelegenheit. Er erbot sich
zur Fertigung des Altarblattes, und begann seine
Arbeit mit Eifer und Lust.

Nicht lange, und schon erhob sich prangend und
herrlich, durch die Hand der Liebe hervorgezaubert,
die bedeutungsvolle Gruppe der Kreuzesabnahme
auf dem harten Gestein. Mit jedem Meißelschlage,
welchen Walther that, fühlte er sich seinem be=
glückenden Ziele näher; jede Stunde, welche er seiner
Ruhe entzog, um sie seinem Werke zu widmen, ver=
kürzte den Raum, welcher noch zwischen ihm und
der Erfüllung seines heißesten Wunsches lag. Darum
arbeitete er auch mit solcher Thätigkeit, mit solchem
Fleiße; darum fühlte er sich auch so unaussprechlich
glücklich, als er sah, daß der Erfolg seine Bemühungen

krönte, daß schön und glänzend in's Leben trat, was er liebend begonnen hatte.

Ganz in solche Gedanken versenkt, schritt er auch am späten Abend des letzten Apriltages seiner Bretterhütte zu. Der Himmel war hell und heiter; eine goldne Scheibe stand der Mond über dem dunkelgrünen Forste, und wie das Schwatzen gesprächiger Flußgeister tönte des Baches plätscherndes Gemurmel aus der Niederung herüber. Alles lag schon in tiefem Schlummer; Walther aber war zu lebhaft aufgeregt, um sich schon jetzt den Armen des Schlafes übergeben zu können. Er lehnte sich an die Wand des leichten Häuschens, und sein blaues Auge schwelgte im Anschauen der wunderherrlichen Frühlingsnacht. Doch allmälig wand der Schlummergott auch um seine Stirn den einschläfernden Mohnstengel; unwillkührlich ließ er sich auf den Rasen nieder, und bald umgaukelten liebliche, goldne Träume das Haupt des Jünglings.

Zur selben Zeit stand auf einem Sandhügel, von dessen Spitze man die Stadt Jerusalem mit ihren tausend schimmernden Kuppeln und Zinnen

erblicken konnte, ein Mann, welchen man seinem
Aussehen nach für einen Sohn der arabischen Wüste
halten mußte. Schwarze, von einem grünen Tuche
umwundne Locken hingen um sein gebränntes, durch
ein höhnisches Grinsen entstelltes Antlitz; seine
Kleidung bestand aus weißen, langen Beinkleidern,
einem gestreiften Kittel, welchen ein breiter, mit
einem Dolche versehener Ledergürtel zusammen=
hielt, und einem Scharlachmantel. In der Hand
hielt er eine Lanze. Ein pechschwarzes Roß mit
fliegender Mähne, und langem, den heißen Sand
peitschenden Schweife, tanzte, ohne Zaum und Gebiß,
um ihn herum, und schien einzig durch den stechenden
Blick seines Gebieters gelenkt zu werden. Finster
schaute der Beduine auf die Stadt Davids hinab;
bebend fuhr er zusammen, als er auf den Mauern
und Wällen die Banner der sieghaften abendländischen
Heere wehen, und auf den Fahnen das purpurrothe
Kreuz funkeln sah. — Du siegest, Nazarener! —
rief er nach langem Schweigen mit grauser, dröh=
nender Stimme aus. — Du siegst! Deiner Macht
vermag ich nicht zu widerstreben! Ich wollte dein

Werk im Keime ersticken; ich versuchte dich. Dort — er ließ das rollende, feurige Auge nach Osten schweifen — dort, in den Schauern der Wüste trat ich zu dir. Mit göttlicher Kraft widerstandest du meinen Lockungen! Auf jener Stätte erhob sich einst der Tempel. Ich führte dich im Sturm auf seine Zinnen, ich zeigte dir die Länder, die Herrlichkeit der Erde, ich bot dir den Purpur der Cäsaren, deinem Willen sollten die Völker gehorchen! Ruhig, in stiller Größe, standest du vor mir, und sprachst: Hebe dich weg von mir, Versucher! — Engel schwebten hernieder, dir zu dienen, und zähneknirschend flog ich von dannen. Du besiegeltest dein Werk mit dem Kreuzestode! Ueppig erwuchs die von dir gesäete Saat, Millionen verehren dich, und vom Aufgange bis zum Niedergange feiert man deinen verhaßten Namen. Der Süden huldigt dir, und der Norden hat mit dem Blute seiner streitbaren Söhne die Stätten erkauft, auf welchen du wandeltest, auf welchen du littest, auf welchen du starbst. Da liegen die Schwächlinge knieend vor der Felshöhle, aus welcher du nach dreien Tagen strahlend hervortratest; da liegen sie, und rufen, von Weihrauch umdampft, von Schellengeklingel umtönt, deinen Namen an. Und ihre Brüder — seine Hand zeigte nach Nordwesten — die zur Bewachung des väterlichen Heerdes daheim bleiben mußten, und nicht vor dem wahren Grabe ihres Meisters in den Staub sinken können, hauen sich jetzt ein falsches, ein Konterfei des ächten, in das Gestein. Ja, auch dort — fuhr er zürnend fort, — auch dort, in dem Lande, dessen Eichen- und Tannenwälder ich einst stolz als Gebieter durchschreiten konnte, wo mir auch noch in mancher Felskluft Verehrer wohnen, die sich mit ihrem eignen Herzblute mir verschrieben haben, und eifrig am Werke des Bösen auf Erden fördern; auch dort, wo der gewaltige Brocken steht, dessen Gipfel so oft meine Herrlichkeit geschaut hat, und sie auch in dieser Nacht wieder schauen soll — auch dort, Nazarener, wächst deine Lehre mehr und mehr, ein starker Baum, unter welchem sich die Völker versammeln, meiner List zu entgehn. — Doch, zittre! zertrümmern will ich jene Felsen, welche deinen

Namen durch das Abbild deines Grabes verherr=
lichen sollen. Zur Wildniß, zur grauenvollen Oede
soll der Ort werden, welcher dazu bestimmt war,
ein neuer Zeuge deiner Macht zu werden, und dann
will ich triumphirend auf die verstreuten Blöcke der
zerschmetterten Steine treten, und rufen: Hohn
dir, Sohn der Jungfrau!

Und mit gewaltigem Sprunge schwang sich der
Mann auf sein schwarzes Roß, welches funkensprühend
sich mit ihm in die Luft erhob. Die Lanze in seiner
Hand ward zum feurigen Schwerdte, das schlechte
Beduinenkleid zum flammenden Gewande; dunkles,
blitzendes Gewölk umwirbelte ihn. So flog der
gespenstige Reiter über Meer und Land dahin, und
senkte sich erst wieder zur Erde nieder, als er den
Gipfel des Brocken, in Nebel verhüllt, tief unter
sich gewahrte.

Der Morgen dämmerte; das höllische Bacchanal
auf dem Blocksberge war vorüber. Wüst und wirr
sah es da oben aus. Halberloschne Feuer glommen
am Boden, Eulen und Geier flatterten krächzend
über dem Schauplatze verruchter Lust, und eine Un=

zahl üppiger Dirnen sowohl, als triefäugiger alter
Weiber schwang sich, durch die fliehenden Schatten
der Nacht zur Rückkehr gemahnt, auf ihre Reitthiere.
Lustige Unterteufel, die Hofnarren des Bösen, hielten
ihnen die Bügel. Keck tummelte die Eine einen
zottelhaarigen Geisbock, behende zügelte die Andere
eine rußige Ofengabel, während die Dritte auf einem
prustenden schwarzen Kater einher stolzte. Wie die
Windsbraut erhoben sich jetzt Alle in die Luft, und
flogen unter dem lauten Rufe: Gehab' dich wohl,
Schwarzer! nach allen vier Himmelsgegenden davon.
Der Schwarze aber schaute ihnen mit verschränkten
Armen finster nach, bestieg, als auch die Letzte seinen
Augen entschwunden war, sein Feuerroß, und wurde
von demselben im Nu nach den Eggestersteinen ge=
tragen. Brausend senkte sich das beschäumte Höllen=
thier auf den thauigen Rasen hinab; mit wildem,
höhnischen Lachen sprang der grause Reitersmann
aus dem Sattel, und näherte sich mit geballter
Faust den Felsen. Doch plötzlich fuhr er zurück,
denn siehe! hell und leuchtend blitzten ihm Walthers
Gebilde durch das Zwielicht entgegen. Ein mäch=

tiger Talisman, hielten sie seine Schritte auf; dem Kreuze durfte er nicht nahe treten, und ohnmächtig grollend stand er vor den Steinen, welche zu zertrümmern er gekommen war. Da fielen seine Blicke auf Walthern, welcher noch schlummernd neben seiner Hütte lag, und plötzlich reifte ein schneller Entschluß in der Seele des Bösen. Er näherte sich dem Jünglinge, und, ihn jach in die Höhe reißend, rief er ihm mit Donnerstimme zu: Zertrümmre das Bildwerk dort! Thu'st du es nicht, so bist du des Todes! — Und mit gewaltiger Riesenfaust hielt er den Arm des Jünglings bei diesen Worten umkrallt, seine Augen sprühten Feuer, und neben ihm bäumte sich wiehernd sein schnaubendes Rabenroß, mit ungeduldigem Hufe, der noch vor wenigen Stunden im Sande Palästinas gescharrt hatte, die Westphälische Erde stampfend. —

Lichten Träumen entrissen, in welchen er geglaubt hatte, mit Kunigunden Hand in Hand vor dem vollendeten Altarblatte zu stehen, und von dem silberhaarigen, das Probestück des Eidams wohlgefällig betrachtenden Meister Wolfram gesegnet zu werden, stand Walther betäubt vor dem Furchtbaren. Alle Gegenwart des Geistes war von ihm gewichen. Doch bald, als der befehlende Ruf zum zweiten Male an ihn erging, kehrte Besinnung, und mit ihr Muth und Entschlossenheit in seine Brust zurück. Wohl erkannte er den Schrecklichen im scharlachrothen Mantel; wohl war ihm bewußt, welche Macht ihm gegeben ist über die, so da Böses thun; aber eben so wohl wußte er auch, daß all' seine List an denen zu nichte wird, die ein reines Herz im Busen tragen. — Im Namen des Gekreuzigten, hebe dich weg von mir, Verruchter! — gegenredete der junge Steinmetz, und siehe, kaum hatte er kühnen Muthes diese Worte gesprochen, als Satan auch schon seinen Arm fahren, und das Flammenauge beschämt am Boden haften ließ. Sinnend stand er da — was er durch Gewalt nicht hatte erzwingen können, dazu sollte ihm jetzt die List verhelfen. Seinen Zweck mußte er erreichen. So lange das heilige Kreuz noch auf der Felswand strahlte, konnte er den werdenden Tempel nicht zerstören.

Ich verlange deinen Dienst nicht umsonst! —

fuhr er fort. — Ein reicher, schöner Lohn wartet
beiner, wenn du meinen Befehlen nachkommst. Siehe,
was ich dir biete! — Er stampfte auf den Boden.
Da schossen schlanke Palmbäume mit breiten,
rauschenden Blättern aus dem Haidegrunde empor.
Grüne Lauben wölbten sich, plätschernde Spring=
brunnen sandten schäumende, den umliegenden Rasen
mit feinem Staubregen benetzende Wasserstrahlen
gen Himmel, tausendfarbige Vögel, die Lüfte mit
lieblichen Melodieen durchschmetternd, saßen auf den
Zweigen der Bäume, und mährchenhafter Wunder=
blumen duftige Kelche schaukelten sich im Hauche
lauer Zephyre. Himmlisch schöne Mädchen, um deren
üppige Formen nur leichte, verrätherische Gewande
flatterten, führten sinnebethörende Tänze auf, und
schwebten lockend und tändelnd dem Kommenden
entgegen. — Spare dir die Mühe, Satan! —
sprach Walther — mit solchen Künsten verlockst du
mich nicht! — Finster schaute ihn der Böse an;
abermals erbebte von seinem Stampfen die Erde,
und schnell war der lachende Garten in eine hohe,
geräumige Säulenhalle verwandelt. Meisterwerke

der Bildhauerkunst standen in langen Reihen an den Wänden. Dort schimmerte ein Urbild weiblicher Schöne, die Statue der mediceischen Venus. Hier strebte Laokoon, im zuckenden Gesichte den Ausdruck namenlosen Schmerzes, sich den Windungen der ihn und seine Söhne umklafternden Schlangen zu ent=
ringen. Dort erhob sich die Gruppe der Niobe mit ihren Kindern, hier lenkte die Bildsäule des Antinous den Blick des Staunenden auf sich. Walther war hingerissen; solche Schönheit der Formen war ihm noch nicht vorgekommen; daß die Natur so täuschend im harten Marmor nachgeahmt werden könne, war ihm auch im Traume nicht eingefallen. Er wußte nicht, sah er menschgewordne Steine oder versteinerte Menschen vor sich. Wie gering, wie ärmlich er=
schienen ihm jetzt seine eignen Leistungen! — Heiliger Gott! — rief er begeistert aus — wer auch Solches zu schaffen vermöchte!

Da ward Satans Gesicht durch ein grinsendes Lächeln verzerrt; er beugte sich über die Schulter des Jünglings, und raunte ihm zu: Du kannst es! — wenn dein Meißel jenes Kreuz vertilgen wird,

so soll er, das gelobe ich dir! in der Folge auch
so hochherrliche Schöpfungen hervorbringen. Der
Marmor soll unter deinen Händen Leben gewinnen,
aber erst — muß das Kreuz von der Felswand
verschwunden sein. — Da erkannte der Jüngling
die Gefahr, in welcher er schwebte; er gedachte
Kunigundens, und seines, zur Verherrlichung des
Höchsten begonnenen Werkes; und schaudernd in die
Tiefe des Abgrunds blickend, an welchem er gestanden
hatte, rief er in Todesangst aus: Hilf, Herr Jesu,
hilf! —

Da zitterte der Boden, krachend fuhr der Böse
von hinnen; verschwunden war die Halle mit ihren
Trugbildern, und gerettet stand Walther wieder auf
dem grünen Raine vor den Felsen des Eggeberges.
Die Sonne war aufgegangen; aus den Bretterhütten
traten die Genossen hervor, und mit ihnen begann
er mit neuer Lust und Kraft sein heiliges Werk.

In ihrer einsamen, vom falben Scheine eines
flackernden Feuers erhellten Felsgrotte saß die
Zauberin Gertrudis. Wohl war die finstre, mitten
im Teutoburger Walde belegene Hexenküche seltsam

und grausig anzuschauen. Menschengerippe mit
grinsenden, schneeweißen Todtenköpfen standen auf=
recht an den Wänden. Eidechsen= und Schlangen=
häute hingen an der Decke, wunderlich gestaltete
Phiolen und Büchsen funkelten auf den Gesimsen,
und über dem lustigen, von einem großen, schwarzen
Kater unterhaltenen Feuer hing ein mächtiger Kessel,
dessen kochender, sprudelnder Inhalt einen eignen,
betäubenden Geruch durch das Geklüft verbreitete.
Noch seltsamer und grausiger aber, als die Höhle
selbst, sah die Herrinn derselben aus. Um den dürren
Leib des eisgrauen, gebeugten Mütterleins rauschte
ein faltiger, mit allerlei Zeichen und Charakteren
bemalter Talar, aus welchem ihr runzliges, einge=
fallnes Gesicht mit den kleinen, blinzelnden Aeuglein
und der spitzen Nase gar gespenstig hervorguckte.
Um das Haupt hatte sie ein rothes Tuch gewunden;
in der Hand schwang sie die geheimnißvolle Mistel=
staude. Dreimal schlug sie mit derselben auf die
Erde; dreimal flüsterte sie unverständliche Worte in
den kochenden Kessel hinein. Da rollte ein ferner
Donner, ein Blitz durchzuckte die Kluft, und, wie

plötzlich aus dem Boden hervorgewachsen, stand Satan vor der Rufenden.

Was willst du von mir, Weib! — schnaubte er die Alte an. —

Nun, nun, gestrenger Herr! nur nicht so unwirsch! — begütigte diese. — Ich habe euch wichtige, erfreuliche Dinge zu sagen! —

Sie führte ihn in den Hintergrund der Höhle, schlug einen Vorhang zurück, und siehe! von dem Glanze lohender Fackeln magisch bestrahlt, lag eine wunderschöne Jungfrau auf weichen, sorgsam gespreizten Decken schlummernd vor ihm da. — Was soll das Mädchen? — herrschte Satan. —

Sachtchen, sachtchen! — entgegnete die Alte. — Macht sie mir nur nicht wach! Wisset, das Mädchen soll euch das verhaßte Kreuz von der Wand des Eggestersteines bannen helfen. Es ist Walthers Braut! —

Da lachte Satan hell auf, belobend streichelte er der, ihn verschmitzt anblinzelnden Alten die dürre Wange, und rief: Herrlich! wenn das nicht zum Ziele führt, so führt Nichts dazu! Doch wie wußtest du um mein Vorhaben, und wie ist dies liebliche Kind in deine Hände gekommen?

Hi, hi, hi! — kicherte die Alte, indem sie mit der knöcherigen Hand streichelnd über den Rücken ihres Katers fuhr, daß dieser sich behaglich streckte, und leise schnurrend mit dem Schwanze wedelte — hi, hi, hi! das laßt euch erzählen! Seht, als ich heut Morgen vom Brocken heim ritt, da wunderte es mich, daß ihr dort bliebt, und nicht, wie ihr sonst wohl pflegt, diejenige aus unserm Schwarm, welche euch am liebsten ist, eine Strecke Weges geleitetet. Ich bin ein wenig neugierig, und so geschah es denn, daß ich, wieder in meine Höhle angelangt, zu mir selber sprach: Willst doch mal in deinen Zauberspiegel schauen, was dein alter Buhle noch da oben beginnt! — Da sah ich euch denn, statt auf dem Brocken, vor dem Stein stehn, und dem frommen Walther den tollen Spuk vormachen. Traun! ich mußte mich von Herzen ärgern, als ihr mit Schimpf von dannen ziehen mußtet. Hm! dachte ich, sollte dem Steinmetz sonst nicht beizukommen seyn? — Recht! — hat er nicht eine Braut, die er über die Maaßen liebt? — Wiederum schaute ich in den Spiegel, und vor mir lag die stattliche Häuserreihe, welche vor achtzig Jahren der Paderbornische Bischof Meinwerkus den, von ihm aus dem Auslande berufenen Handwerkern am Ufer der Pader errichten ließ. Aus einer der hochgiebeligen Wohnungen aber trat im leichten Reisekleide Jungfer Kunigundchen, gefolgt von ihrem Vater Wolfram, welcher auf der Schwelle des Hauses stehen blieb, sie küßte, und zu ihr sprach: So ziehe denn hin, meine Tochter! der Herr geleite dich durch den Wald! Möge dein Besuch deinen Liebsten kräftiglich zur Vollendung seines herrlichen Werkes ermuntern! — Jetzt wußte ich genug!

Kunigundens Weg führte bei meiner Höhle vorbei. Ich setzte mich daher vor den Eingang derselben, und hatte auch die Freude, die schlanke Gestalt des Mägdleins nach einigen Stunden auf dem grünen Waldwege daher schweben zu sehen. Flugs verwandelte ich mich in einen wunderherrlichen Schmetterling, schöner noch, denn die purpurbeschwingten Falter, so die Lotosblumen des Ganges umgaukeln. Mit leichtem Fittig flatterte ich von Blume zu Blume, und blieb endlich auf einem wilden Rosenstrauche sitzen, bei welchem Kunigunde vorüber mußte. Die List glückte. Die Unerfahrne wollte mich haschen, doch behende nahm ich mich auf, und flatterte tiefer in den Wald. Weiter und weiter verlockte ich sie, setzte mich jetzt dicht vor ihr nieder, schwebte dann im fernsten Gebüsche, ließ mich in diesem Augenblicke von ihr fangen, um ihr im nächsten wieder zu entflattern, und entschwand endlich ihren Blicken ganz. Weinend stand sie da. Sie war vom rechten Pfade abgekommen, und schon begann es zu dunkeln. Da trat ich in der Gestalt eines Kräuterweibes aus dem Laube des Unterholzes hervor, und sprach mit freundlicher Stimme: Was fehlt dir, Herzchen? hast dich verirrt? Willst noch zum Steine? — Nun, dazu soll's heut' Abend wohl zu spät seyn! Aber komm, und folge mir zu meiner Grotte. Dort will ich dich auf weiches Moos betten, und dich morgen mit dem Frühesten wieder auf den rechten Weg bringen. — Sie folgte mir; und, ermüdet, wie sie war, entschlummerte sie bald. — Ich habe das Meinige gethan! jetzt thu' du das Deine, Satan! Hab' ich's recht gemacht? Hi, hi, hi!

Sie erhielt aber keine Antwort, denn der Böse war verschwunden. In wenigen Augenblicken jedoch stand er wieder in der Höhle, neben ihm der zitternde Walther. Kaum hatte dieser Kunigunden erblickt, als er auch schon auf sie zustürzen, und ihre schwellenden Purpurlippen, ihren üppig wogenden, von durchsichtigen Schleiergeweben halb bedeckten Busen mit heißen Küssen bedecken wollte. — Doch bebend fuhr er zurück. — Ist das wieder ein Trugbild, hervorgerufen durch deine Lügenkünste? — sprach er furchtlos, im Gefühle seiner Reinheit selbst dem Bösen Trotz bietend. Es ist Kunigunde selbst! — erwiederte der Feind; — deine Verlobte ist's, die sich, Dank sey es der List jener Alten! in meiner Gewalt befindet. Meißle das Kreuz vom Steine, und ich gebe dir das Mädchen zurück; wo nicht — der langkrallige Zeigefinger seiner Rechten deutete auf die Schlafende. Walther blickte hin. Gerechter Himmel! gräßliche Schlangen, aus den Spalten des Felsgeklüftes hervorgekrochen, ringelten sich um das

Lager seiner Braut, und hoben zischend die begei=
ferten Häupter zu ihr empor. — Du siehst, — fuhr
Satan fort — was du zu befahren hast, wenn du
dich weigerst, meinem Befehle Folge zu leisten. Ein
paar rasche Hammerschläge und jene Schlangen
fliehen ohnmächtig in ihre Felsritzen zurück; Kuni=
gunde ist wieder die Deine! Glück und Wonne er=
warten euch! —

Im schrecklichsten Seelenkampfe stand Walther
vor der, inmitten scheußlichen Gewürms, sorglos
träumenden Geliebten. Folgte er dem Rufe der
Pflicht, ließ er das heilige Kreuz am Eggesterfteine
unversehrt, so sah er Kunigundens gewissen Tod
vor sich; folgte er der Stimme der Liebe, rettete er
Kunigunden, so — er mochte es nicht einmal denken.
Wie sein Bild zertrümmert, durch seine Hand
zertrümmert. Das Bild, welches den Herrn ver=
herrlichen, welches ihn, wie er einst hoffte, für immer
mit der Erkornen vereinigen sollte? — Er zitterte,
seine Füße wankten; die Höhle mit ihren Schlangen,
Gerippen und Flammen schien dem Schwindelnden
sich wild im Kreise um ihn herumzubewegen;

von namenloſer Angſt ergriffen, rief er ſtammelnd: Kunigunde! — Und Kunigunde erwachte; ſie erblickte den Geliebten, flog, vom Lager aufſpringend, an die Bruſt des faſt Unterliegenden, riß, als ſie das furcht= bare, mit lauernden Blicken daſtehende Paar er= blickte, mit Blitzesſchnelle ein kleines, in ihrem Buſenſchleier verborgenes Crucifix hervor, und hielt es, wie eine ſchützende Aegide, den beiden entgegen. Da umfloß ein lichter, roſiger Schimmer des Ge= kreuzigten goldnes Bildniß, ein lieblicher Duft durch= wallte die Luft, verſchwunden war die Grotte mit ihren Schrecken, und der Morgenſonne goldige Strahlen geleiteten die Liebenden nach den, unfern aus der Waldesnacht emporragenden Eggeſterſteinen.

So ſcheiterte die Liſt des Böſen an der Reinheit zweier, durch heilige Liebe verbundener Herzen. So triumphirt auch jetzt noch das Gute über das Böſe; wenn es auch oft zu unterliegen ſcheint, ſo hebt es doch endlich das ſieggekrönte Haupt aus den düſtern Wolken empor, die es umnachteten, und der Geber alles Guten lächelt ſegnend auf es herab.

Satans Höllenkünſte konnten dem Werk am

Steine keinen Einhalt mehr thun; nach wenigen Wochen war Walthers Altarblatt vollendet.

Das heilige Pfingstfest war erschienen, und mit ihm der Tag, an welchem der jetzt vollendete Riesentempel, an Großartigkeit und Erhabenheit wohl jedes andre Gotteshaus übertreffend, durch ein feierliches Hochamt eingeweiht werden sollte. Zahllos war das Volk aus den benachbarten Gauen herbeigeströmt, und mit ernster Miene blickten die alten Steine, jetzt von den Brettergerüsten entblößt, mit denen sie noch jüngst umbaut waren, auf das Gewoge der andächtigen Menge herab. Auf den Zinnen der Felsen flatterten bauschig die buntgestickten Prozessionsfahnen des Klosters Abbinghof, und das Bildniß des Kirchenpatrons, mit welchem sie geziert waren, schien wohlgefällig lächelnd auf das schöne Werk herniederzuschauen. Vor Walthers Gruppe war ein steinerner Altar errichtet, und vor demselben stand im faltigen, von edlem Golde blitzenden Meßgewande der Abt Gumbert. Im weiten Halbkreise umringten ihn die Mönche des Klosters, und auf dem, sich mälig senkenden Bergeshange lag knieend des

Volkes betende Schaar. Da erscholl leise Musik; Weihrauchwolken zogen duftend durch das Thal, harmonische Gesänge ertönten, — die Messe begann. Einzeln erklang jetzt des Priesters volle, melodische Stimme; hell tönte der dienenden Knaben Schellengeläute dazwischen, und wie ein Waldstrom, der brausend seine Dämme durchbricht, rauschte plötzlich jetzt des Volkes vereinter Hochgesang daher. Aller Herzen waren ergriffen; in jedem Auge perlten Thränen; einem solchen Gottesdienste hatte noch Keiner beigewohnt. Dort war ja das Grab des Herrn, in den Fels gehauen, wie das wahre im Garten Josephs von Arimathia; dort sahen sie die Abnahme Christi vom Kreuze — es war Jedem, als wäre dies wirklich der Ort, wo man den Heiland einst bestattet.

Nach Beendigung der Messe naheten ein Jüngling und ein Mädchen, beide in Jugendschöne blühend, dem Altare. Segnend fügte der Abt ihre Hände zusammen, und ein ehrwürdiger Greis, mit glänzendem Auge dankend gen Himmel blickend, stand neben ihnen. Im drängenden Volke aber flüsterte Einer dem Andern zu: das ist der wackere Steinmetz Walther,

der das herrliche Altarstück gefertigt hat; und das ist
die schöne Kunigunde, seine Braut, die Tochter des
alten Meisters Wolfram aus Paderborn. —

Plötzlich zogen dunkle Wetterwolken aus Westen
heran, und, unter dumpfem Donnern sich immer
dichter und dichter zusammenballend, schwebten sie
jetzt scheitelrecht über der Spitze des Eggestersteines.
Mit einem Male ließ sich eine derselben, die fast
anzusehen war, wie ein finstrer Riese, zur Erde
nieder, und stemmte sich wirbelnd und dampfend
gegen die Seite des ersten Felsen, welche sich steil
und jäh in dem vorüberfließenden Bache spiegelt.
Die Erde zitterte, Donner rollten in ihrem Bauche,
Blitze durchschlängelten die Luft, der Eggesterstein
wankte. Da erscholl von den Lippen der Mönche
ein frommes, den Sturm beschwichtigendes Lied,
und alsbald zerbarst die Wolke, daß falbe Lohe aus
ihrem Innern fuhr, und flackernd an dem Felsen
empor schlug. — Der Böse war es. Noch einmal
wollte er den Versuch machen, das Heiligthum zu
zerstören. Ohne sich durch das Zeichen des heiligen
Kreuzes schrecken zu lassen, stemmte er sich gegen

den Stein, um ihn durch die Wucht seines Riesen=
leibes sammt seinen Wurzeln aus der Erde zu
heben, und die Pilgrime unter dem Stürzenden zu
begraben. Doch auch jetzt mißlang sein Vorhaben;
im Wetter fuhr er zürnend von dannen, aber über
den Felsen strahlte lächelnd der siebenfarbige Bogen
des Friedens.

Jahrhunderte hat die Andacht am Steine be=
standen. Noch bis auf den heutigen Tag sind ihre
Spuren zu erblicken. Nicht hat sie der gefräßige
Zahn der Zeit zu vertilgen vermocht, aber eben so
wenig auch den Abdruck, welchen der gewaltige Leib
des Satans im Felsen zurückgelassen hat. Staunend
erblickt ihn der Wandrer, und sieht schaudernd an
der, noch jetzt von der Lohe jener berstenden Wolke
gerötheten Steinwand empor.

*

Dummes Zeug! — murmelte Ludwig, als der
Vorleser inne hielt, und fragend im Kreise umhersah,
als ob er begierig wäre, ein Urtheil über seine
Arbeit zu vernehmen.

Du hast da ein wunderliches Machwerk zu Tage

gefördert! sprach Alfred. — Ich muß dir aufrichtig gestehen, daß es meinem Ideal einer Dichtung zur Verherrlichung des Eggestersteins nicht entsprochen hat.

Die Leute in jenen Zeiten müssen schneller gearbeitet haben, als wir! — bemerkte die schelmische Adele. — In einem einzigen Frühlinge eine solche Riesenarbeit?!

Poetische Lizenz! — entschuldigte Theodor. Die muntre Pauline aber sprach rasch:

Stille, stille! wer wollte jetzt wohl kunstrichtern? Theodors Mährchen hat uns einige Augenblicke gar nicht übel unterhalten, und wir sind ihm für die Mittheilung desselben Dank schuldig. Jetzt aber laßt uns schnell aufbrechen, damit wir noch vor Dunkelwerden das Andenken, welches der Teufel im Steine zurückgelassen hat, betrachten können!

Man that, wie die liebliche Sprecherin geboten. Lange standen die Neugierigen vor der, mit gelbem Eisenocher beschlagenen Felswand. Da fuhr der Wagen vor; in einer halben Stunde war die Gesellschaft wieder in dem freundlichen Meinberg.